Impressum
Verlag: BABADADA GmbH, Nedderfeld 112 , 22529 Hamburg
Geschäftsführer / Verlagsleitung: Harald Hof
Druck: Books on Demand GmbH, In de Tarpen 42, 22848 Norderstedt

Imprint
Publisher: BABADADA GmbH, Nedderfeld 112 , 22529 Hamburg, Germany
Managing Director / Publishing direction: Harald Hof
Print: Books on Demand GmbH, In de Tarpen 42, 22848 Norderstedt

die Schule
koulu

das Klassenzimmer
luokkahuone

dividieren
jakaa

186 / 2

die Tafel
taulu

der Schulhof
koulunpiha

der Lehrer
opettaja

das Papier
paperi

schreiben
kirjoittaa

der Stift
kynä

der Schreibtisch
kirjoituspöytä

das Lineal
viivoitin

das Buch
kirja

die Schüler
oppilas

der Ranzen

reppu

die Federmappe

penaali

der Bleistift

lyijykynä

der Bleistiftanspitzer

kynänteroitin

das Radiergummi

pyyhekumi

der Zeichenblock

piirustuslehtiö

die Zeichnung

piirustus

der Pinsel

pensseli

der Malkasten

vesivärit

die Schere

sakset

der Klebstoff

liima

das Übungsheft

harjoituskirja

die Hausaufgabe

kotitehtävä

die Zahl

luku

addieren

lisätä

subtrahieren

vähentää

multiplizieren

kertoa

rechnen

laskea

der Buchstabe

kirjain

das Alphabet

aakkoset

das Wort

sana

der Text

teksti

lesen

lukea

die Kreide

liitu

die Stunde

oppitunti

das Klassenbuch

opettajan muistikirja

die Prüfung

koe

das Zeugnis

todistus

die Schuluniform

koulupuku

die Ausbildung

koulutus

das Lexikon

sanakirja

die Universität

yliopisto

das Mikroskop

mikroskooppi

die Karte

kartta

der Papierkorb

roskakori

das Hotel
hotelli

die Herberge
retkeilymaja

die Wechselstube
rahanvaihto

der Koffer
matkalaukku

das Auto
auto

die Sprache

kieli

ja / nein

kyllä / ei

Okay

selvä

Hallo

hei

der Übersetzer

tulkki

Danke

kiitos

Was kostet...?
Paljonko...maksaa?

Ich verstehe nicht
en ymmärrä

das Problem
ongelma

Guten Abend!
Hyvää iltaa!

Guten Morgen!
Hyvää huomenta!

Gute Nacht!
Hyvää yötä!

Auf Wiedersehen
näkemiin

die Richtung
suunta

das Gepäck
matkatavarat

die Tasche
laukku

der Rucksack
reppu

der Gast
vieras

das Zimmer
huone

der Schlafsack
makuupussi

das Zelt
teltta

die Reise - matka

die Touristeninformation

turisti-info

der Strand

ranta

die Kreditkarte

luottokortti

das Frühstück

aamupala

das Mittagessen

lounas

das Abendessen

päivällinen

die Fahrkarte

matkalippu

der Fahrstuhl

hissi

die Briefmarke

postimerkki

die Grenze

raja

der Zoll

tulli

die Botschaft

suurlähetystö

das Visum

viisumi

der Pass

passi

das Flugzeug
lentokone

das Schiff
laiva

das Feuerwehrauto
paloauto

der Lastwagen
kuorma-auto

der Bus
linja-auto

das Motorboot
moottorivene

das Auto
auto

das Fahrrad
polkupyörä

die Fähre

lautta

das Boot

vene

das Motorrad

moottoripyörä

das Polizeiauto

poliisiauto

das Rennauto

kilpa-auto

der Mietwagen

vuokra-auto

das Carsharing

car sharing

der Abschleppwagen

hinausauto

das Müllauto

roska-auto

der Motor

moottori

der Kraftstoff

polttoaine

die Tankstelle

huoltoasema

das Verkehrsschild

liikennemerkki

der Verkehr

liikenne

der Stau

ruuhka

der Parkplatz

parkkipaikka

der Bahnhof

rautatieasema

die Schienen

raiteet

der Zug

juna

die Straßenbahn

raitiovaunu

der Wagon

vaunu

der Helikopter

helikopteri

der Flughafen

lentokenttä

der Tower

lähilennonjohto

der Passagier

matkustaja

der Container

kontti

der Karton

pahvilaatikko

der Karren

kärryt

der Korb

kori

starten / landen

nousta / laskea

die Stadt
kaupunki

das Dorf

kylä

das Stadtzentrum

keskusta

das Haus

talo

die Stadt

das Kino
elokuvateatteri

die Werbung
mainos

die Straßenlaterne
katuvalo

die Straße
katu

das Taxi
taksi

der Kiosk
kioski

der Fußgänger
jalankulkija

der Bürgersteig
jalkakäytävä

der Zebrastreifen
suojatie

die Mülltonne
jäteastia

die Kreuzung
risteys

die Ampel
liikennevalot

die Hütte
....
mökki

die Wohnung
....
kerrostalo

der Bahnhof
....
rautatieasema

das Rathaus
....
kaupungintalo

das Museum
....
museo

die Schule
....
koulu

die Universität

yliopisto

die Bank

pankki

das Krankenhaus

sairaala

das Hotel

hotelli

die Apotheke

apteekki

das Büro

toimisto

die Buchhandlung

kirjakauppa

das Geschäft

liike

der Blumenladen

kukkakauppa

der Supermarkt

supermarketti

der Markt

tori

das Kaufhaus

tavaratalo

der Fischhändler

kalakauppias

das Einkaufszentrum

ostoskeskus

der Hafen

satama

der Park

puisto

die Bank

penkki

die Brücke

silta

die Treppe

portaat

die U-Bahn

metro

der Tunnel

tunneli

die Bushaltestelle

linja-autopysäkki

die Bar

baari

das Restaurant

ravintola

der Briefkasten

postilaatikko

das Straßenschild

katukyltti

die Parkuhr

parkkimittari

der Zoo

eläintarha

die Badeanstalt

uimala

die Moschee

moskeija

der Bauernhof

maatila

die Umweltverschmutzung

ympäristön saastuminen

der Friedhof

hautausmaa

die Kirche

kirkko

der Spielplatz

leikkikenttä

der Tempel

temppeli

die Landschaft
maisema

das Blatt
lehti

der Wegweiser
tienviitta

der Weg
tie

die Wiese
niitty

der Stein
kivi

der Wanderer
retkeilijä

der Baum
puu

der Fluss
joki

das Gras
ruoho

die Blume
kukka

das Tal

laakso

der Berg

vuori

der See

järvi

der Wald

metsä

die Wüste

aavikko

der Vulkan

tulivuori

das Schloss

linna

der Regenbogen

sateenkaari

der Pilz

sieni

die Palme

palmu

der Moskito

hyttynen

die Fliege

kärpänen

die Ameise

muurahainen

die Biene

mehiläinen

die Spinne

hämähäkki

die Landschaft - maisema

der Käfer

kovakuoriainen

der Frosch

sammakko

das Eichhörnchen

orava

der Igel

siili

der Hase

jänis

die Eule

pöllö

die Vogel

lintu

der Schwan

joutsen

das Wildschwein

villisika

der Hirsch

peura

der Elch

hirvi

der Staudamm

pato

das Windrad

tuulimylly

das Solarmodul

aurinkopaneeli

das Klima

ilmasto

die Landschaft - maisema

der Kellner
tarjoilija

die Speisekarte
ruokalista

der Stuhl
tuoli

die Suppe
keitto

die Pizza
pitsa

die Tischdecke
pöytäliina

das Besteck
ruokailuvälineet

die Vorspeise

alkuruoka

das Hauptgericht

pääruoka

die Nachspeise

jälkiruoka

die Getränke

juomat

das Essen

ruoka

die Flasche

pullo

das Fastfood

pikaruoka

das Streetfood

katuruoka

die Teekanne

teekannu

die Zuckerdose

sokeriastia

die Portion

annos

die Espressomaschine

espressokeitin

der Hochstuhl

syöttötuoli

die Rechnung

lasku

das Tablett

tarjotin

das Messer

veitsi

die Gabel

haarukka

der Löffel

lusikka

der Teelöffel

teelusikka

die Serviette

servietti

das Glas

lasi

das Restaurant - ravintola

der Teller

lautanen

der Suppenteller

syvä lautanen

die Untertasse

aluslautanen

die Sauce

kastike

der Salzstreuer

suolasirotin

die Pfeffermühle

pippurimylly

der Essig

etikka

das Öl

öljy

die Gewürze

mausteet

das Ketchup

ketsuppi

der Senf

sinappi

die Mayonnaise

majoneesi

das Angebot
tarjous

der Kunde
asiakas

die Milchprodukte
maitotuotteet

das Obst
hedelmät

der Einkaufswagen
ostoskärryt

die Schlachterei

teurastamo

die Bäckerei

leipomo

wiegen

punnita

das Gemüse

kasvikset

das Fleisch

liha

die Tiefkühlkost

pakasteet

der Aufschnitt
leikkele

die Konserven
säilykkeet

das Waschmittel
pesujauhe

die Süßigkeiten
makeiset

die Haushaltsartikel
kotitaloustarvikkeet

das Reinigungsmittel
puhdistusaineet

die Verkäuferin
myyjä

die Kasse
kassa

der Kassierer
kassanhoitaja

die Einkaufsliste
ostoslista

die Öffnungszeiten
aukioloajat

die Brieftasche
lompakko

die Kreditkarte
luottokortti

die Tasche
kassi

die Plastiktüte
muovipussi

das Wasser

vesi

der Saft

mehu

die Milch

maito

die Cola

kokis

der Wein

viini

das Bier

olut

der Alkohol

alkoholi

der Kakao

kaakao

der Tee

tee

der Kaffee

kahvi

der Espresso

espresso

der Cappuccino

cappuccino

die Banane

banaani

der Apfel

omena

die Orange

appelsiini

die Melone

meloni

die Zitrone

sitruuna

die Karotte

porkkana

der Knoblauch

valkosipuli

der Bambus

bambu

die Zwiebel

sipuli

der Pilz

sieni

die Nüsse

pähkinät

die Nudeln

spagetti

die Spaghetti

spagetti

der Reis

riisi

der Salat

salaatti

die Pommes frites

ranskalaiset

die Bratkartoffeln

paistetut perunat

die Pizza

pitsa

der Hamburger

hampurilainen

das Sandwich

voileipä

das Schnitzel

leike

der Schinken

kinkku

die Salami

salami

die Wurst

makkara

das Huhn

kana

der Braten

paisti

der Fisch

kala

das Essen - ruoka

die Haferflocken

kaurahiutaleet

das Müsli

mysli

die Cornflakes

murot

das Mehl

jauho

das Croissant

voisarvi

das Brötchen

sämpylä

das Brot

leipä

der Toast

paahtoleipä

die Kekse

keksit

die Butter

voi

der Quark

rahka

der Kuchen

kakku

das Ei

kananmuna

das Spiegelei

paistettu kananmuna

der Käse

juusto

die Eiscreme

jäätelö

der Zucker

sokeri

der Honig

hunaja

die Marmelade

hillo

die Nougat-Creme

suklaapähkinälevite

das Curry

curry

das Bauernhaus
maatila

die Scheune
lato; liiteri

der Strohballen
heinäpaali

das Feld
pelto

das Pferd
hevonen

der Anhänger
peräkärry

das Fohlen
varsa

der Traktor
traktori

der Esel
aasi

das Schaf
lammas

das Lamm
karitsa

die Ziege

vuohi

die Kuh

lehmä

das Kalb

vasikka

das Schwein

sika

das Ferkel

porsas

der Bulle

sonni

die Gans

hanhi

die Ente

ankka

das Küken

tipu

das Huhn

kana

der Hahn

kukko

die Ratte

rotta

die Katze

kissa

die Maus

hiiri

der Ochse

härkä

der Hund

koira

die Hundehütte

koirankoppi

der Gartenschlauch

puutarhaletku

die Gießkanne

kastelukannu

die Sense

viikate

der Pflug

aura

die Sichel

sirppi

die Hacke

kuokka

die Mistgabel

talikko

die Axt

kirves

die Schubkarre

kottikärryt

der Trog

kaukalo

die Milchkanne

maitokannu

der Sack

säkki

der Zaun

aita

der Stall

talli

das Treibhaus

kasvihuone

der Boden

maa

die Saat

siemen

der Dünger

lannoite

der Mähdrescher

leikkuupuimuri

ernten

kerätä sato

die Ernte

sato

die Yamswurzel

jamssit

der Weizen

vehnä

das Soja

soija

die Kartoffel

peruna

der Mais

maissi

der Raps

rypsi

der Obstbaum

hedelmäpuu

der Maniok

maniokki

das Getreide

vilja

der Bauernhof - maatila

der Schornstein
savupiippu

das Dach
katto

die Regenrinne
sadevesikouru

das Fenster
ikkuna

die Garage
autotalli

die Klingel
ovikello

die Tür
ovi

der Mülleimer
roska-astia

der Briefkasten
postilaatikko

der Garten
puutarha

das Wohnzimmer
olohuone

das Badezimmer
kylpyhuone

die Küche
keittiö

das Schlafzimmer
makuuhuone

das Kinderzimmer
lastenhuone

das Esszimmer
ruokahuone

der Boden

lattia

die Wand

seinä

die Decke

katto

der Keller

kellari

die Sauna

sauna

der Balkon

parveke

die Terrasse

terassi

das Schwimmbad

uima-allas

der Rasenmäher

ruohonleikkuri

der Bettbezug

lakana

die Bettdecke

päiväpeitto

das Bett

sänky

der Besen

harja

der Eimer

ämpäri

der Schalter

katkaisin

das Haus - talo

die Tapete
tapetti

das Bild
kuva

die Lampe
lamppu

das Regal
hylly

der Schrank
kaappi

der Kamin
takka

der Fernseher
televisio

die Blume
kukka

das Kissen
tyyny

das Sofa
sohva

die Vase
maljakko

die Fernbedienung
kaukosäädin

der Teppich
matto

der Vorhang
verho

der Tisch
pöytä

der Stuhl
tuoli

der Schaukelstuhl
keinutuoli

der Sessel
nojatuoli

das Buch

kirja

die Decke

peitto

die Dekoration

koriste

das Feuerholz

polttopuut

der Film

elokuva

die Stereoanlage

stereot

der Schlüssel

avain

die Zeitung

sanomalehti

das Gemälde

maalaus

das Poster

juliste

das Radio

radio

der Notizblock

muistivihko

der Staubsauger

pölynimuri

der Kaktus

kaktus

die Kerze

kynttilä

der Kühlschrank
jääkaappi

die Mikrowelle
mikroaaltouuni

die Küchenwaage
keittiövaaka

der Toaster
leivänpaahdin

das Reinigungsmittel
pesuaine

der Backofen
leivinuuni

das Gefrierfach
pakastinlokero

der Mülleimer
roska-astia

der Geschirrspüler
astianpesukone

der Herd

liesi

der Topf

kattila

der Eisentopf

rautapata

der Wok / Kadai

vokkipannu / kadai-pannu

die Pfanne

paistinpannu

der Wasserkocher

teepannu

der Dampfgarer

höyrykeitin

das Backblech

uunipelti

das Geschirr

astiat

der Becher

muki

die Schale

kulho

die Essstäbchen

syömäpuikot

die Suppenkelle

kauha

der Pfannenwender

paistinlasta

der Schneebesen

vispilä

das Kochsieb

siivilä

das Sieb

siivilä

die Reibe

raastin

der Mörser

mortteli

der Grill

grilli

die Feuerstelle

avotuli

das Schneidebrett

leikkuulauta

das Nudelholz

kaulin

der Korkenzieher

korkinavaaja

die Dose

purkki

der Dosenöffner

purkinavaaja

der Topflappen

pannulappu

das Waschbecken

lavuaari

die Bürste

tiskiharja

der Schwamm

pesusieni

der Mixer

tehosekoitin

die Gefriertruhe

pakastin

die Babyflasche

tuttipullo

der Wasserhahn

vesihana

die Dusche
suihku

die Heizung
lämmitys

das Handtuch
pyyhe

der Duschvorhang
suihkuverho

das Schaumbad
vaahtokylpy

die Badewanne
kylpyamme

das Glas
lasi

die Waschmaschine
pesukone

der Wasserhahn
vesihana

die Fliesen
kaakelit

das Töpfchen
potta

das Waschbecken
lavuaari

die Toilette

vessa

die Hocktoilette

kyykkyvessa

das Bidet

bidee

das Pissoir

pisuaari

das Toilettenpapier

vessapaperi

die Toilettenbürste

vessaharja

die Zahnbürste

hammasharja

die Zahnpasta

hammastahna

die Zahnseide

hammaslanka

waschen

pestä

die Handbrause

käsisuihku

die Intimdusche

intiimisuihku

die Waschschüssel

pesuvati

die Rückenbürste

selkäharja

die Seife

saippua

das Duschgel

suihkugeeli

das Shampoo

shampoo

der Waschlappen

pesulappu

der Abfluss

viemäri

die Creme

voide

das Deodorant

deodorantti

der Spiegel

peili

der Kosmetikspiegel

käsipeili

der Rasierer

partaveitsi

der Rasierschaum

partavaahto

das Rasierwasser

partavesi

der Kamm

kampa

die Bürste

harja

der Föhn

hiustenkuivaaja

das Haarspray

hiuslakka

das Makeup

meikki

der Lippenstift

huulipuna

der Nagellack

kynsilakka

die Watte

pumpuli

die Nagelschere

kynsisakset

das Parfum

hajuvesi

der Kulturbeutel

kosmetiikkalaukku

der Hocker

jakkara

die Waage

vaaka

der Bademantel

kylpytakki

die Gummihandschuhe

kumihansikkaat

das Tampon

tamponi

die Damenbinde

terveysside

die Chemietoilette

kemiallinen wc

der Wecker
herätyskello

das Kuscheltier
pehmolelu

das Spielzeugauto
leikkiauto

die Rassel
helistin

das Puppenhaus
nukkekoti

das Geschenk
lahja

der Ballon

ilmapallo

das Bett

sänky

der Kinderwagen

lastenvaunut

das Kartenspiel

korttipeli

das Puzzle

palapeli

der Comic

sarjakuva

die Legosteine

legopalikat

die Bausteine

rakennuspalikat

die Action Figur

supersankari

der Strampelanzug

potkupuku

das Frisbee

frisbee

das Mobile

mobile

das Brettspiel

lautapeli

der Würfel

noppa

die Modelleisenbahn

pienoisjunarata

der Schnuller

tutti

die Party

juhlat

das Bilderbuch

kuvakirja

der Ball

pallo

die Puppe

nukke

spielen

leikkiä

der Sandkasten

hiekkalaatikko

die Schaukel

keinu

das Spielzeug

lelut

die Spielkonsole

pelikonsoli

das Dreirad

kolmipyörä

der Teddy

nalle

der Kleiderschrank

vaatekaappi

die Kleidung
vaatteet

die Socken

sukat

die Strümpfe

nylonsukat

die Strumpfhose

sukkahousut

der Schal
kaulaliina

der Gürtel
vyö

der Regenschirm
sateenvarjo

das T-Shirt
t-paita

die Turnschuhe
lenkkarit

der Stiefel
saappaat

die Hausschuhe
sisätossut

die Sandalen
....
sandaalit

die Schuhe
....
kengät

die Gummistiefel
....
kumisaappaat

die Unterhose
....
alushousut

der Büstenhalter
....
rintaliivit

das Unterhemd
....
aluspaita

die Kleidung - vaatteet

der Body
body

die Hose
housut

die Jeans
farkut

der Rock
hame

die Bluse
pusero

das Hemd
paita

der Pullover
villapaita

der Kapuzenpullover
collegepaita

der Blazer
jakku

die Jacke
takki

der Mantel
takki

der Regenmantel
sadetakki

das Kostüm
puku

das Kleid
mekko

das Hochzeitskleid
hääpuku

die Kleidung - vaatteet

der Anzug

puku

das Nachthemd

yöpaita

der Schlafanzug

pyjama

der Sari

shari

das Kopftuch

päähuivi

der Turban

turbaani

die Burka

burka

der Kaftan

kaftaani

die Abaya

abaya

der Badeanzug

uimapuku

die Badehose

uimahousut

die kurze Hose

shortsit

der Trainingsanzug

verkkarit

die Schürze

esiliina

die Handschuhe

käsineet

die Kleidung - vaatteet

der Knopf

nappi

die Brille

silmälasit

das Armband

rannekoru

die Halskette

kaulakoru

der Ring

sormus

der Ohrring

korvakoru

die Mütze

lippalakki

der Kleiderbügel

ripustin

der Hut

hattu

die Krawatte

solmio

der Reißverschluss

vetoketju

der Helm

kypärä

der Hosenträger

henkselit

die Schuluniform

koulupuku

die Uniform

univormu

das Lätzchen

ruokalappu

der Schnuller

tutti

die Windel

vaippa

das Büro

toimisto

der Server
palvelin

der Aktenschrank
asiakirjakaappi

das Papier
paperi

der Drucker
tulostin

der Monitor
näyttö

der Schreibtisch
kirjoituspöytä

die Maus
hiiri

der Ordner
kansio

die Tastatur
näppäimistö

der Papierkorb
roskakori

der Computer
tietokone

der Stuhl
tuoli

der Kaffeebecher

kahvimuki

der Taschenrechner

taskulaskin

das Internet

internet

der Laptop

kannettava tietokone

der Brief

kirje

die Nachricht

viesti

das Handy

kännykkä

das Netzwerk

verkko

der Kopierer

kopiokone

die Software

ohjelmisto

das Telefon

puhelin

die Steckdose

pistorasia

das Fax

faksi

das Formular

lomake

das Dokument

asiakirja

kaufen

ostaa

bezahlen

maksaa

handeln

vaihtaa

das Geld

raha

der Dollar

dollari

der Euro

euro

der Yen

jeni

der Rubel

rupla

der Franken

frangi

der Renminbi Yuan

renminbi juan

die Rupie

rupia

der Geldautomat

pankkiautomaatti

die Wechselstube

rahanvaihto

das Gold

kulta

das Silber

hopea

das Öl

öljy

die Energie

energia

der Preis

hinta

der Vertrag

sopimus

die Steuer

vero

die Aktie

osake

arbeiten

työskennellä

der Angestellte

työntekijä

der Arbeitgeber

työnantaja

die Fabrik

tehdas

das Geschäft

liike

der Polizist
poliisi

der Feuerwehrmann
palomies

der Koch
kokki

der Arzt
lääkäri

der Pilot
lentäjä

der Gärtner
puutarhuri

der Tischler
puuseppä

die Näherin
ompelija

der Richter
tuomari

der Chemiker
kemisti

der Schauspieler
näyttelijä

der Busfahrer

linja-autonkuljettaja

der Taxifahrer

taksinkuljettaja

der Fischer

kalastaja

die Putzfrau

siivooja

der Dachdecker

katontekijä

der Kellner

tarjoilija

der Jäger

metsästäjä

der Maler

maalari

der Bäcker

leipuri

der Elektriker

sähköasentaja

der Bauarbeiter

rakentaja

der Ingenieur

insinööri

der Schlachter

teurastaja

der Klempner

putkiasentaja

der Postbote

postinjakaja

die Berufe - ammatit

der Soldat

sotilas

der Architekt

arkkitehti

der Kassierer

kassanhoitaja

der Florist

floristi

der Friseur

kampaaja

der Schaffner

konduktööri

der Mechaniker

mekaanikko

der Kapitän

kapteeni

der Zahnarzt

hammaslääkäri

der Wissenschaftler

tiedemies

der Rabbi

rabbi

der Imam

imaami

der Mönch

munkki

der Geistliche

pappi

der Hammer
vasara

die Zange
pihdit

der Schraubendreher
ruuvimeisseli

der Schraubenschlüssel
jakoavain

die Taschenlam
taskulamppu

der Bagger

kaivinkone

der Werkzeugkasten

työkalupakki

die Leiter

tikkaat

die Säge

saha

die Nägel

naulat

der Bohrer

pora

reparieren
korjata

die Schaufel
lapio

Mist!
Hitto!

das Kehrblech
rikkalapio

der Farbtopf
maalipurkki

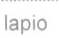

die Schrauben
ruuvit

die Musikinstrumente
soittimet

der Lautsprecher
kaiuttimet

das Schlagzeug
rummut

die Gitarre
kitara

der Kontrabass
kontrabasso

die Trompete
trumpetti

das Klavier

piano

die Violine

viulu

der Bass

basso

die Pauke

patarummut

die Trommeln

rumpu

das Keyboard

kosketinsoitin

das Saxophon

saksofoni

die Flöte

huilu

das Mikrofon

mikrofoni

die Musikinstrumente - soittimet

der Eingang
sisäänkäynti

der Tiger
tiikeri

der Käfig
häkki

das Zebra
seepra

das Tierfutter
eläinten ruoka

der Panda
panda

die Tiere

eläimet

der Elefant

norsu

das Känguruh

kenguru

das Nashorn

sarvikuono

der Gorilla

gorilla

der Bär

karhu

das Kamel

kameli

der Strauß

strutsi

der Löwe

leijona

der Affe

apina

der Flamingo

flamingo

der Papagei

papukaija

der Eisbär

jääkarhu

der Pinguin

pingviini

der Hai

hai

der Pfau

riikinkukko

die Schlange

käärme

das Krokodil

krokotiili

der Zoowärter

eläintarhanhoitaja

die Robbe

hylje

der Jaguar

jaguaari

der Zoo - eläintarha

das Pony

poni

der Leopard

leopardi

das Nilpferd

virtahepo

die Giraffe

kirahvi

der Adler

kotka

das Wildschwein

villisika

der Fisch

kala

die Schildkröte

kilpikonna

das Walross

mursu

der Fuchs

kettu

die Gazelle

gaselli

das American Football
amerikkalainen jalkapallo

das Radfahren
pyöräily

das Tennis
tennis

der Basketball
koripallo

das Schwimmen
uinti

das Boxen
nyrkkeily

das Eishockey
jääkiekko

der Fußball
jalkapallo

das Badminton
sulkapallo

die Leichtathletik
yleisurheilu

der Handball
käsipallo

das Skilaufen
hiihto

das Polo
poolo

lachen
nauraa

springen
hypätä

umarmen
halata

gehen
kävellä

singen
laulaa

träumen
unelmoida

beten
rukoilla

küssen
suudella

schreiben

kirjoittaa

zeichnen

piirtää

zeigen

näyttää

drücken

painaa

geben

antaa

nehmen

ottaa

haben
omistaa

tun
tehdä

sein
olla

stehen
seisoa

laufen
juosta

ziehen
vetää

werfen
heittää

fallen
kaatua

liegen
maata

warten
odottaa

tragen
kantaa

sitzen
istua

anziehen
pukeutua

schlafen
nukkua

aufwachen
herätä

ansehen

katsoa

weinen

itkeä

streicheln

silittää

kämmen

kammata

reden

puhua

verstehen

ymmärtää

fragen

kysyä

hören

kuunnella

trinken

juoda

essen

syödä

aufräumen

siivota

lieben

rakastaa

kochen

keittää

fahren

ajaa

fliegen

lentää

segeln

purjehtia

rechnen

laskea

lesen

lukea

lernen

oppia

arbeiten

työskennellä

heiraten

mennä naimisiin

nähen

ommella

Zähne putzen

pestä hampaat

töten

tappaa

rauchen

tupakoida

senden

lähettää

die Großmutter
mummo

der Großvater
ukki

der Vater
isä

die Mutter
äiti

das Baby
vauva

die Tochter
tytär

der Sohn
poika

der Gast

vieras

die Tante

täti

der Onkel

setä

der Bruder

veli

die Schwester

sisko

die Stirn
otsa

das Auge
silmä

die Schulter
olkapää

der Finger
sormet

das Gesicht
kasvot

das Kinn
leuka

die Hand
käsi

die Brust
rinta

das Bein
jalka

der Arm
käsivarsi

das Baby

vauva

der Mann

mies

die Frau

nainen

das Mädchen

tyttö

der Junge

poika

der Kopf

pää

der Rücken
selkä

der Bauch
maha

der Nabel
napa

der Zeh
varvas

die Ferse
kantapää

der Knochen
luu

die Hüfte
lantio

das Knie
polvi

der Ellenbogen
kyynärpää

die Nase
nenä

das Gesäß
takapuoli

die Haut
iho

die Wange
poski

das Ohr
korva

die Lippe
huuli

der Mund

suu

der Zahn

hammas

die Zunge

kieli

das Gehirn

aivot

das Herz

sydän

der Muskel

lihas

die Lunge

keuhkot

die Leber

maksa

der Magen

vatsa

die Nieren

munuaiset

der Geschlechtsverkehr

seksi

das Kondom

kondomi

die Eizelle

munasolu

das Sperma

sperma

die Schwangerschaft

raskaus

die Menstruation

kuukautiset

die Vagina

vagina

der Penis

penis

die Augenbraue

kulmakarvat

das Haar

hiukset

der Hals

niska

das Krankenhaus
sairaala

der Krankenwagen
ambulanssi

der Rollstuhl
pyörätuoli

der Bruch
murtuma

der Arzt

lääkäri

die Notaufnahme

ensiapu

die Krankenschwester

sairaanhoitaja

der Notfall

hätätilanne

ohnmächtig

tajuton

der Schmerz

kipu

die Verletzung
vamma

die Blutung
verenvuoto

der Herzinfarkt
sydänkohtaus

der Schlaganfall
aivoinfarkti

die Allergie
allergia

der Husten
yskä

das Fieber
kuume

die Grippe
flunssa

der Durchfall
ripuli

die Kopfschmerzen
päänsärky

der Krebs
syöpä

die Diabetis
diabetes

der Chirurg
kirurgi

das Skalpell
veitsi

die Operation
leikkaus

das CT

ct

das Röntgen

röntgen

das Ultraschall

ultraääni

die Maske

maski

die Krankheit

sairaus

das Wartezimmer

odotushuone

die Krücke

sauva

das Pflaster

laastari

der Verband

side

die Injektion

pistos

das Stethoskop

stetoskooppi

die Trage

paarit

das Thermometer

kuumemittari

die Geburt

syntymä

das Übergewicht

ylipaino

das Hörgerät

kuulolaite

das Desinfektionsmittel

desinfiointiaine

die Infektion

infektio

das Virus

virus

das HIV / AIDS

HIV / AIDS

die Medizin

lääke

die Impfung

rokotus

die Tabletten

tabletit

die Pille

pilleri

der Notruf

hätäpuhelu

das Blutdruck-Messgerät

verenpainemittari

krank / gesund

sairas / terve

Hilfe!

Apua!

der Alarm

hälytys

der Überfall

ryöstö

der Angriff

hyökkäys

die Gefahr

vaara

der Notausgang

hätäuloskäynti

Feuer!

Tulipalo!

der Feuerlöscher

palosammutin

der Unfall

onnettomuus

der Erste-Hilfe-Koffer

ensiapulaukku

SOS

SOS

die Polizei

poliisilaitos

das Europa

Eurooppa

das Nordamerika

Pohjois-Amerikka

das Südamerika

Etelä-Amerikka

das Afrika

Afrikka

das Asien

Aasia

das Australien

Australia

der Atlantik

Atlantin valtameri

der Pazifik

Tyynimeri

der Indische Ozean

Intian valtameri

der Antarktische Ozean

Eteläinen jäämeri

der Arktische Ozean

Pohjoinen jäämeri

der Nordpol

pohjoisnapa

der Südpol

etelänapa

die Antarktis

Antarktis

die Erde

maa

das Land

maa

das Meer

meri

die Insel

saari

die Nation

kansa

der Staat

osavaltio

das Zifferblatt

kellotaulu

der Stundenzeiger

tuntiviisari

der Minutenzeiger

minuuttiviisari

der Sekundenzeiger

sekuntiviisari

Wie spät ist es?

Paljonko kello on?

der Tag

päivä

die Zeit

aika

jetzt

nyt

die Digitaluhr

digitaalikello

die Minute

minuutti

die Stunde

tunti

der Montag
maanantai

der Mittwoch
keskiviikko

der Freitag
perjantai

der Dienstag
tiistai

der Samstag
lauantai

der Donnerstag
torstai

der Sonntag
sunnuntai

gestern

eilen

heute

tänään

morgen

huomenna

der Morgen

aamu

der Mittag

keskipäivä

der Abend

ilta

die Arbeitstage

työpäivät

das Wochenende

viikonloppu

der Regen
sade

der Regenbogen
sateenkaari

der Schnee
lumi

der Wind
tuuli

der Frühling
kevät

der Herbst
syksy

der Sommer
kesä

der Winter
talvi

4.APRIL	11°	☀
5.APRIL	4°	☁
6.APRIL	13°	☔
7.APRIL	8°	☀
8.APRIL	10°	☀

die Wettervorhersage

sääennuste

das Thermometer

lämpömittari

der Sonnenschein

auringonpaiste

die Wolke

pilvi

der Nebel

sumu

die Luftfeuchtigkeit

ilmankosteus

der Blitz

salama

der Donner

ukkonen

der Sturm

myrsky

der Hagel

rae

der Monsun

monsuuni

die Flut

tulva

das Eis

jää

der Januar

tammikuu

der Februar

helmikuu

der März

maaliskuu

der April

huhtikuu

der Mai

toukokuu

der Juni

kesäkuu

der Juli

heinäkuu

der August

elokuu

der September
....
syyskuu

der Oktober
....
lokakuu

der November
....
marraskuu

der Dezember
....
joulukuu

die Formen
muodot

der Kreis
....
ympyrä

das Quadrat
....
neliö

das Rechteck
....
suorakulmio

das Dreieck
....
kolmio

die Kugel
....
pallo

der Würfel
....
kuutio

weiß

valkoinen

gelb

keltainen

orange

oranssi

pink

vaaleanpunainen

rot

punainen

lila

violetti

blau

sininen

grün

vihreä

braun

ruskea

grau

harmaa

schwarz

musta

die Gegenteile
vastakohdat

viel / wenig

paljon / vähän

wütend / friedlich

vihainen / ystävällinen

hübsch / hässlich

kaunis / ruma

der Anfang / das Ende

alku / loppu

groß / klein

suuri / pieni

hell / dunkel

vaalea / tumma

der Bruder / die Schwester

veli / sisko

sauber / schmutzig

puhdas / likainen

vollständig / unvollständig

täydellinen / epätäydellinen

der Tag / die Nacht

päivä / yö

tot / lebendig

kuollut / elävä

breit / schmal

leveä / kapea

genießbar / ungenießbar

syötävä / syömäkelvoton

böse / freundlich

paha / kiltti

aufgeregt / gelangweilt

innostunut / tylsistynyt

dick / dünn

lihava / laiha

zuerst / zuletzt

ensimmäinen / viimeinen

der Freund / der Feind

ystävä / vihollinen

voll / leer

täysi / tyhjä

hart / weich

kova / pehmeä

schwer / leicht

painava / kevyt

der Hunger / der Durst

nälkä / jano

krank / gesund

sairas / terve

illegal / legal

laiton / laillinen

intelligent / dumm

älykäs / tyhmä

links / rechts

vasen / oikea

nah / fern

lähellä / kaukana

neu / gebraucht

uusi / käytetty

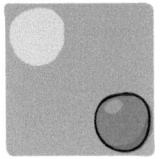

nichts / etwas

ei mitään / jotain

alt / jung

vanha / nuori

an / aus

päällä / pois päältä

offen / geschlossen

auki / kiinni

leise / laut

hiljainen / äänekäs

reich / arm

rikas / köyhä

richtig / falsch

oikein / väärin

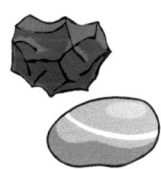

rau / glatt

karhea / sileä

traurig / glücklich

surullinen / iloinen

kurz / lang

lyhyt / pitkä

langsam / schnell

hidas / nopea

nass / trocken

märkä / kuiva

warm / kühl

lämmin / viileä

der Krieg / der Frieden

sota / rauha

0

null
nolla

1

eins
yksi

2

zwei
kaksi

3

drei
kolme

4

vier
neljä

5

fünf
viisi

6

sechs
kuusi

7

sieben
seitsemän

8

acht
kahdeksan

9

neun
yhdeksän

10

zehn
kymmenen

11

elf
yksitoista

12

zwölf

kaksitoista

13

dreizehn

kolmetoista

14

vierzehn

neljätoista

15

fünfzehn

viisitoista

16

sechzehn

kuusitoista

17

siebzehn

seitsemäntoista

18

achtzehn

kahdeksantoista

19

neunzehn

yhdeksäntoista

20

zwanzig

kaksikymmentä

100

hundert

sata

1.000

tausend

tuhat

1.000.000

million

miljoona

die Sprachen

Englisch

englanti

Amerikanisches Englisch

amerikanenglanti

Chinesisch Mandarin

mandariinikiina

Hindi

hindi

Spanisch

espanja

Französisch

ranska

Arabisch

arabia

Russisch

venäjä

Portugiesisch

portugali

Bengalisch

bengali

Deutsch

saksa

Japanisch

japani

ich
minä

du
sinä

er / sie / es
hän

wir
me

ihr
te

sie
he

wer?
kuka?

was?
mitä / mikä?

wie?
miten?

wo?
missä?

wann?
milloin?

Name
nimi

hinter

takana

in

sisällä

vor

edessä

über

yläpuolella

auf

päällä

unter

alapuolella

neben

vieressä

zwischen

välissä

der Ort

paikka